AF348240

LETTRE

A

M. L'ABBÉ DESMARES,

PRÉDICATEUR-MISSIONNAIRE,

SUR

DEUX PÉCHÉS MORTELS

DONT IL A ENTRETENU SES AUDITEURS DANS UNE INSTRUCTION
QU'IL A DONNÉE A STRASBOURG, LE 30 NOVEMBRE 1824;

par un Catholique.

> Seigneur, ayez pitié de nous!
> (*Litanies.*)

STRASBOURG,

se vend chez G. L. SCHULER, Imprimeur, et chez tous
les Libraires de cette Ville.

1824.

LETTRE

A

M. L'ABBÉ DESMARES.

Monsieur l'Abbé,

Pendant la retraite, qui vient d'avoir lieu à Strasbourg, vous avez enseigné de grandes vérités; vous avez développé les saints principes de la religion catholique apostolique et romaine; le fidèle qui a entendu la parole de Dieu par votre bouche, ne saurait trop admirer et le zèle infatigable que vous avez montré, et l'éloquence douce et persuasive que vous avez déployée, et encore la simplicité du langage par lequel vous vous êtes si souvent mis à la portée des auditeurs les moins éclairés. Aussi n'est-il qu'une voix sur le mérite qui vous distingue.

Cependant, Monsieur, et malgré le prestige du talent, je ne puis être d'accord avec vous en tout point, je ne puis reconnaître, comme vous, les pompes du démon dans plusieurs actes de la vie humaine que vous avez signalés. Il en est deux, entr'autres, qui vous ont paru mériter la damnation éternelle et contre lesquels vous vous êtes vivement prononcé (notamment dans votre instruction du 3o novembre), je veux parler du *Théâtre* et des *Bals*; on peut résumer ainsi ce que vous avez dit de ces divertissemens : toutes les fois qu'on va au spectacle ou au bal, on commet un péché mortel.

Je ne puis, Monsieur l'Abbé, et je vous en demande bien pardon, je ne puis partager votre sentiment à cet égard; il me semble impossible d'offenser Dieu lorsqu'on se livre à d'innocens plaisirs, et, si vous le permettez, j'exprimerai sur la danse et le théâtre une opinion contraire à la vôtre. Mais, quelque fortes que soient les raisons que je vais donner, je ne les exposerai, je vous prie de le croire, qu'avec les égards et le respect dûs à votre sacré caractère.

Premièrement : *Une personne qui va au spectacle commet-elle un péché mortel?* Voilà la question que

je me propose d'examiner en commençant cette lettre ;
j'aborderai ensuite la question des bals : et j'ose
espérer que sur l'un et l'autre articles je parvien-
drai à rassurer les mères de famille que vos paroles
auraient pu alarmer.

Vous voulez proscrire le théâtre, Monsieur l'Abbé,
et votre principal motif, c'est qu'on y pèche par
la curiosité des yeux, curiosité que vous trouvez
probablement contraire au sixième commandement
de Dieu. Avec un peu de réflexion il est aisé d'ap-
percevoir que ce serait faire une fausse application
des paroles de J.-C., car ce n'est point manquer à
la chasteté que d'aller voir jouer une tragédie, une
comédie, voire même un opéra dont la représentation n'est point contraire aux mœurs. Certes, on
ne permettrait pas les pièces où la pudeur et la
décence seraient oubliées, et l'on ferait bien ; mais
par la même raison que celles-ci doivent être et
sont défendues, il serait injuste d'étendre la prohi-
bition à toutes les œuvres dramatiques. On péche-
rait, j'en conviens, en assistant à la représentation
de pièces impudiques ; on ne peut que gagner à
voir jouer celles qui ont un but moral :

„Le théâtre instruit mieux que ne fait un gros livre. "

Mais vous vous êtes récrié contre les actrices, contre ces *femmes effrontées* (ce sont vos expressions) qui viennent sur la scène étaler des parures trop mondaines (j'adoucis les termes). Je ne crois pas, Monsieur, que ce reproche soit fondé : la police ne souffrirait rien, dans le costume des comédiens, qui pût blesser les yeux. Cependant il faut bien qu'ils prennent l'habit du rôle, et l'on ne peut exiger qu'une coquettte porte le large bonnet d'une sœur converse, pas plus qu'on ne voudrait voir un petit-maître sous la robe d'un frère ignorantin. La mise du théâtre est d'ailleurs, et presque toujours, la mise du monde, puisque les personnages qu'on voit sur la scène, représentent les personnages qu'on voit dans la société ; et, encore une fois, pour se plaindre avec raison, il faudrait pouvoir citer des écarts que bien certainement l'autorité aurait su réprimer. Ne voit-on de riches toilettes, des robes légères, de jolies têtes élégamment ornées que sur le théâtre ? Ne rencontre-t-on pas la même recherche dans les salons ? Et cependant un ecclésiastique même ne refuse point d'aller visiter une financière, une bourgeoise, une duchesse, quand elle lui fait l'honneur de l'admettre chez elle. Pourquoi donc ne pourrait-on voir la duchesse, la bourgeoise et la financière sur le théâtre ?

Faut-il appeler à son secours l'autorité des hommes les plus religieux; faut-il invoquer d'illustres exemples? Ils se présentent en foule et l'on n'éprouve que l'embarras du choix. Sans remonter à l'antiquité, sans même parler des pièces que composait saint Grégoire de Nazianze, je le demande, à qui, il y a trois ou quatre siècles, l'Italie était-elle redevable de la vraie tragédie et de la vraie comédie? A deux prélats, les cardinaux Bibiena et Trissino : dès 1480 le premier fit jouer sa *Calendra*, et, en 1514, le second donna *Sophonisbe*. Le Pape Léon X, qui fit représenter tant de pièces de théâtre dans son palais, ne devinait pas, dit un historien, qu'un jour, dans une partie de la Gaule, les descendants des Celtes et des Goths se croiraient en droit de flétrir ce qu'il honorait. Comment de tels hommes auraient-ils méconnu les commandemens de Dieu et de l'Eglise? Comment se seraient-ils damnés de gaieté de cœur, comment auraient-ils voulu causer la damnation des autres? Mais, depuis et en France, n'avons-nous pas vu les théâtres protégés par d'autres prélats? Pense-t-on que le cardinal de Richelieu, qui fit bâtir la salle du palais royal, eût souffert qu'on excommuniât ceux qui récitaient ses ouvrages? Et à qui devons-nous le genre de spectacle auquel on pourrait le moins déraisonnablement reprocher la légèreté des costumes? N'est-ce pas le cardinal Mazarin qui, le premier, nous fit connaître l'opéra et qui, après l'avoir essayé en 1647, le fit jouer de nouveau en 1654? Ceux-là même que vous avez loués en chaire, ceux que vous appelez les défenseurs de l'autel et du trône, les Jésuites, n'ont-ils pas composé des pièces de théâtre? Enfin, Monsieur l'Abbé, ne voyons-nous pas, de nos jours et partout, de pareils spectacles? On en trouve chez toutes les nations civilisées et dans les états des princes connus par leur piété beaucoup plus qu'ailleurs. L'empereur d'Autriche qui prend le titre de Majesté *apostolique,* Sa Majesté *catholique* le roi d'Espagne, S. M. *très-fidèle* le roi de Portugal, et, mieux encore, *le fils aîné de l'Eglise,* le roi de France *très-chrétien,* tous ces monarques ont des théâtres. Outre celui de la Cour, Paris possède plusieurs théâtres royaux dont les acteurs sont appelés *Comédiens du Roi,* et naguères une illustre princesse, la duchesse de Berry, a permis qu'un théâtre, où l'on joue le vaudeville, prît le nom de *théâtre de S. A. R. Madame.* Les musiciens de la chapelle du roi, veuillez ne pas l'oublier, Monsieur l'Abbé, les musiciens *de la chapelle* sont choisis parmi les sujets de l'opéra.... Après de tels exemples, si vous persistez à condamner le théâtre, du moins vous conviendrez qu'on y péche en bonne et pieuse compagnie.

Mais pourquoi donc serait-il défendu, ce spectacle toujours et si nécessaire au peuple comme aux grands? Est-ce parcequ'on y trouve la meilleure école de mœurs? Est-ce parcequ'on y punit le vice par le triomphe de la vertu? Parcequ'on y apprend à se corriger de l'avarice et de la coquetterie, de l'orgueil et de l'ambition, de la dissipation et du jeu? Parcequ'on y démasque le faux dévôt et l'imposteur? Est-ce parcequ'on y joue Tartuffe?

Monsieur l'Abbé, j'en suis convaincu, après avoir lu attentivement les raisons que je donne pour ne point frapper le théâtre d'anathème, raisons auxquelles on pourrait en ajouter beaucoup d'autres, je suis convaincu, dis-je, que vous me pardonnerez si je permets à ma femme et à ma fille de prendre ce délassement, et si je crois qu'on n'est point damné pour aller à la comédie.

Quant aux *bals*, je vous l'avoue franchement, Monsieur,

„ La danse n'est pas ce que j'aime, «

mais.... je suis persuadé qu'elle n'est pas non plus

un péché mortel. Je ferai sur ce point moins d'é-
rudition encore qu'à l'occasion des théâtres; je me
bornerai à démontrer, par la nature du divertissement qu'on appelle danse, qu'il ne peut être défendu d'aller au bal, et que Dieu n'en est point
offensé.

Il ne serait pas hors de propos d'invoquer ici
l'origine de la danse : nous savons tous que la danse
sacrée est la plus ancienne de toutes (le peuple juif
la pratiquait dans ses fêtes solennelles). Mais à
quoi bon remonter si haut ? Examinons si, dans
un quadrille, dans cette réunion de personnes des
deux sexes, il est mal à de jeunes filles et à de
jeunes garçons de sauter en avant, en arrière, au
son d'une musique qui n'est pas toujours harmo-
nieuse, et en présence des parens qui président à
la fête. En vérité, plus je réfléchis et moins j'y vois
de péché.

Dira-t-on que les pères de l'Eglise ont générale-
ment condamné la danse ? Je le sais, Monsieur
l'Abbé, et l'on prête à Saint-Augustin un mot qui,
pour être assez mauvais, n'en est pas moins une
réprobation. Selon lui « les sauts que l'on fait en
dansant, sont autant de sauts qui font tomber en

enfer. » Mais je citerai à mon tour les Cardinaux de Narbonne et de Saint-Severin, qui dansèrent au bal que Louis XII donna à Milan en 1501. Je citerai le bal que les pères du concile de Trente donnèrent au roi d'Espagne Philippe II, en 1562, et où toutes les dames furent invitées : non seulement ce bal fut ouvert par le cardinal de Mantoue, mais tous les pères du concile y dansèrent..... Je citerai encore les Jésuites qui, au collége de Clermont, faisaient des ballets pour leurs élèves. Enfin, je citerai la réponse de Fénélon à un curé qui se félicitait d'avoir aboli la danse des paysans les jours de dimanches et fêtes : « Monsieur le curé, lui « dit l'archevêque de Cambrai, ne dansons point, « mais permettons à ces pauvres gens de danser. « Pourquoi les empêcher d'oublier un moment qu'ils « sont malheureux ? » Cette réponse, qui n'étonne point dans la bouche de Fénélon, est celle que tout prélat devrait faire en pareille circonstance.

Mais savez-vous, Monsieur l'Abbé, qu'un roi de France, dont la dévotion était grande, que Louis XIV dansa sur le théâtre de l'opéra, en 1654, dans une pièce en trois actes intitulée : *Le Nozze di Peleo e di Tetide ?* Savez-vous que S. M. très-chrétienne Charles X, permet qu'on danse aux Tuileries, et

que la plus jeune des princesses de sa famille a in-
finiment de goût pour ce divertissement ? Vous
vous êtes plaint quelquefois des dames qui, au sor-
tir de vos sermons, se rendaient au spectacle : pensez-vous que Madame la duchesse de Berry, venant
de visiter un hospice, où elle a soulagé tant de
malheureux, et s'habillant ensuite pour aller au
bal, pensez-vous, dis-je, que S. A. R. en ait moins
fait une bonne action ?

Peut-être, Monsieur l'Abbé, que ce qui excite
votre blâme, que ce qui vous porte à condamner
la danse, c'est qu'elle a considérablement changé
depuis cinquante ans. Mad. de Genlis qui, du reste,
veut, et avec raison, qu'on ait de beaux bras, les
pieds bien tournés et la tête bien posée, se fâche
aussi contre ce qu'elle appelle nos petits *tournoie-
mens* modernes. Mais si l'on ne danse plus le grave
menuet de nos aïeux ; si les femmes ne forment plus
leurs pas au milieu d'énormes *paniers*, ou empri-
sonnées dans des *vertugadins* ; si les hommes ne dan-
sent plus, le chapeau sur la tête, et poudrés *à l'oi-
seau royal*, qu'est-ce que cela prouve ? Autre tems,
autre mode. Les robes sont moins décoletées au-
jourd'hui, et il est permis de ne plus danser comme
autrefois sans manquer aux mœurs, sans commettre

un péché mortel. Il me semble qu'on ne peut rien trouver de contraire à la pudeur dans nos contre-danses à huit ou à seize. Du moins je voudrois qu'on m'indiquât ce qu'il y a à reprendre dans le salut respectueux que fait un jeune homme en disant: « Mademoiselle, voulez-vous me faire l'honneur de danser avec moi; » et dans la révérence que fait, en acceptant et avec la permission de sa mère, la demoiselle que l'on vient inviter. Je voudrais qu'on me montrât ce qu'il y a d'indécent ou d'impie dans un entrechat ou un terre-à-terre; dans la chaîne anglaise ou le chassez-croisez, dans la queue-du-chat ou le dos-à-dos; en un mot, dans toutes ces figures, où le cavalier ne fait qu'effleurer, avec un gant blanc, la main de sa danseuse. On pourrait, à la rigueur, trouver quelque chose à dire à la walse. Cependant, Monsieur, en notre pays elle est aussi générale qu'innocente; c'est une danse connue de tout tems et de toutes les classes en Alsace : et je ferais la gageure qu'il n'est pas un séminariste à Strasbourg qui ne sût passablement walser s'il le voulait.

Je ne vois donc pas encore pourquoi j'empêche-rais ma fille d'aller au bal avec sa mère (1).

(1) Il n'est pas besoin de dire, qu'on ne parle pas ici du bal mas-qué : là une mère ne conduit point sa fille.

Concluons donc, Monsieur l'Abbé, concluons qu'un catholique ne commet point de péché mortel en prenant le délassement du spectacle et le plaisir du bal. Sans doute ce n'est pas là qu'on doit employer tout son tems, et je plaindrais la mère de famille qui ne saurait passer un jour, sans aller à la comédie, comme la jeune personne à qui l'on n'aurait appris qu'à danser. Mais, encore une fois, il n'y a point là de péché : d'innocens divertissemens n'empèchent pas plus de se livrer aux exercices de piété, que les exercices de piété ne doivent faire oublier à une vraie fidèle les soins qu'elle doit à sa maison et à ses enfans.

Les bornes d'une lettre ne m'ont pas permis, Monsieur l'Abbé, d'entrer dans de plus grands développemens sur les deux points que j'ai traités; mais j'ose espérer que j'en ai dit assez pour me faire pardonner d'avoir été d'une opinion opposée à la vôtre.

Toutefois, si je ne puis discourir davantage sur d'aussi graves sujets, je ne terminerai pas sans me féliciter, comme tant d'autres, d'un bonheur que votre retraite nous à procuré, celui d'entendre deux fois, en chaire, Monseigneur l'Evêque de ce diocèse.

C'est là, Monsieur, c'est là véritablement la parole de Dieu. Quelle touchante éloquence ! Que d'onction, que de dignité dans son maintien comme dans son discours ! Qu'il est unanime, le concert de louanges dont il a été l'objet ! Mais aussi quelle différence entre les sermons de ce Prélat et le langage de certains orateurs ! Quel contraste entre notre vénérable pasteur et ceux que vous avez signalés lorsque vous vous êtes écrié : « Combien n'y en a-t-il pas qui abusent de la langue que Dieu leur a donnée, pour tromper ce pauvre peuple ! »

Je suis avec un profond respect,

Monsieur l'Abbé,

votre très-humble et très-obéissant serviteur,

Un Catholique.